¡Hay demasiada nieve!

por Layne deMarin

Tabla de contenidos

Consultora:
Adria F. Klein, Ph.D.
California State University, San Bernardino

capstone classroom
Heinemann Raintree • Red Brick Learning
division of Capstone

Copos de nieve

Los copos de nieve son muy pequeños. Caen al suelo uno a uno. No hacen ruido.

Todos los copos de nieve tienen seis lados. Pero cada uno tiene su diseño propio especial. Cada copo de nieve es único.

Los copos de nieve se componen de **cristales de hielo**. Los cristales de hielo que no contienen mucha agua forman copos de nieve ligeros y esponjosos. Los cristales de hielo que contienen más agua forman copos de nieve húmedos y pesados.

Todos estos pequeños copos helados pueden formar mucha nieve. En ese caso, las personas deben usar palas para limpiar las aceras. Los barrenieves limpian las calles.

Tormentas de nieve

Una tormenta de nieve tiene lugar cuando cae mucha nieve y sopla viento fuerte. Las tormentas de nieve más grandes y más peligrosas se llaman **tempestades de nieve**.

Las tempestades de nieve son peligrosas porque el aire se vuelve muy, muy frío. Durante las tempestades, la nieve llevada por el viento forma **ventisqueros**. Los ventisqueros bloquean los caminos y los accesos.

Este automóvil quedó sepultado en la nieve. A veces los conductores quedan **abandonados a su suerte** dentro de sus automóviles durante las tempestades de nieve. Deben esperar allí hasta que alguien los rescate.

Otros conductores pueden quedar atrapados en una **cortina de nieve**. Esto sucede cuando en el aire sopla mucha nieve. Se hace difícil ver. Los conductores no pueden ni siquiera ver el camino.

Historias de tormentas

En 1888 muchas personas murieron durante una gran tempestad de nieve. Fue una de las peores tormentas invernales de la historia. Las personas no estaban preparadas para las temperaturas frías y toda esa nieve.

Washington D.C. sufrió una gran tempestad de nieve en 2010. Las personas recuerdan el trabajo que costó quitar toda esa nieve.

Alertas climáticos

En el pasado, los científicos no sabían predecir el clima. Por esa razón, morían muchas personas durante las tempestades y las tormentas de nieve. Ni siquiera sabían que estaba llegando una tormenta.

En la actualidad, es muy diferente. Los científicos y los **meteorólogos** cuentan con muchas herramientas como este radar de cúpula que los ayudan a predecir el clima. Pueden alertar a las personas sobre el clima peligroso.

Este científico observa el clima todos los días. Los científicos y los meteorólogos usan computadoras, radares y otras herramientas para ayudarse a predecir el clima en el futuro.

No podemos evitar que caiga la nieve. Podemos aprender cómo estar a salvo durante las tormentas de nieve. ¡También podemos aprender a divertirnos cuando ya pasaron!

Glosario

abandonado a su suerte quedarse en un lugar extraño o inseguro sin forma de escapar

cortina de nieve tormenta con tanta nieve en el aire que las personas no pueden ver, todo se ve blanco

cristales de hielo pequeños trozos de hielo que al juntarse forman un copo de nieve

meteorólogo persona que estudia el tiempo y el clima de la Tierra

tempestad de nieve gran tormenta con mucha nieve y fuerte viento

ventisquero nieve que el viento amontona en una gran pila